CATALOGUE

D'ESTAMPES ANCIENNES

ET DE L'ÉCOLE FRANÇAISE DU XVIIIe SIÈCLE

VIGNETTES ET LIVRES

Dont la vente aux enchères publiques aura lieu

HOTEL DES COMMISSAIRES-PRISEURS, RUE DROUOT, N° 9

SALLE N° 4

Le Samedi 18 Décembre 1880

A UNE HEURE ET DEMIE

Par le ministère de Me **MAURICE DELESTRE**, Commissaire-Priseur,
27, rue Drouot, 27.

Assisté de **M. CLEMENT**, Marchand d'Estampes de la Bibliothèque Nationale,
rue des Saints-Pères, 3.

EXPOSITION AVANT LA VENTE

—

PARIS — 1880

CONDITIONS DE LA VENTE

Elle sera faite au comptant.

Les adjudicataires payeront *cinq pour cent* en sus des enchères.

L'Expert, chargé de la vente, se réserve la faculté de rassembler ou de diviser les lots.

Paris. — Typ. PILLET et DUMOULIN, 5, rue des Grands-Augustins.

DÉSIGNATION

ESTAMPES ANCIENNES

BERGHEM (Nicolas)

1 — Le Cahier à la femme, en six feuilles (B. 29-34).

Très belles épreuves.

CALLOT (J.)

2 — Le Passage de la mer rouge (Meaume 1).

Très belle épreuve du 1er état, avant le haut de la vague tronquée.

2 *a* — Le Massacre des Innocents (M. 6).

Très belle épreuve. Marge.

2 *b* — Le Nouveau Testament. Suite de onze estampes, y compris le titre (M. 37-47).

Très belles épreuves.

2 *c* — La Parabole de l'enfant prodigue. Suite de onze estampes (M. 53-63).

Très belles épreuves avant les numéros.

2 *e* — La Vie de la sainte Vierge. Suite de quatorze estampes dont nous n'avons que treize (M. 76-89).

Belles épreuves avant les numéros.

2 *f* — Les Martyrs du Japon (M. 155).

Très belle épreuve du 1er état.

2 *g* — Les grandes misères de la guerre. Suite de dix-huit estampes (M. 564-581).

Très belles épreuves du 2e état, avec le nom et l'adresse de Silvestre.

CALLOT (J.)

2 *h* — Les Bohémiens. Suite de quatre pièces (M. 667-670).

Très belles épreuves. Marges.

2 *i* — Les Gueux ou mendiants. Suite de vingt-cinq pièces (M. 685-709).

Belles épreuves.

2 *k* — La Petite vue de Paris (M. 712).

Très belle épreuve.

LAIRESSE (G. DE)

3 — Vingt-sept pièces de son œuvre.

Belles épreuves in-fol.

GELÉE (CLAUDE)

4 — La Danse au bord de l'eau (R. D. 6).

Belle épreuve.

OSTADE (ADRIEN VAN)

5 — La Chanteuse (f., 30).

Très belle épreuve.

5 *a* — La Fileuse (f., 31).

Très belle et rare épreuve du 1er état, avant les tailles diagonales sous le ventre du cochon. Le trait carré est légèrement exprimé, signé au verso : P. Mariette, 1670. Collection Galichon.

5 *b* — L'homme conversant avec la femme (f., 37).

Très belle épreuve du 2e état, avant que le trait carré ait été renforcé, mais avec le coutour du mollet de la jambe droite de l'homme, celui du bord du chapeau et celui du manteau légèrement indiqués par une taille très fine.

5 *c* — Le Charcutier (f., 41).

Très belle épreuve avant divers travaux.

5 *d* — Le Violon et le petit vielleur (f., 45).

Très belle épreuve.

5 *e* — Le Fumeur et la Fumeuse (f., 52).

Très belle épreuve.

OSTADE (Adrien van)

5 *f* — Le Vielleur (8). — Les Fumeurs (13). — L'Ecole (17). — Trois figures grotesques (28). — L'homme appuyé sur le pas de sa porte (9). — Le Marchand de lunettes (29). — Le Savetier (27). — Le Remouleur (36). — Le Charlatan (43), etc. Onze pièces.

Belles épreuves.

REMBRANDT (P. van Rhyn)

6 — Portrait de Rembrandt et sa femme (B., 19), cl., 19. C. B. 203.

Très belle épreuve. Marge.

6 *a* — Portrait de Rembrandt appuyé (B., 21), cl., 21. C. B. 234.

Très belle épreuve.

6 *b* — Homme en cheveux (B., 289). Cl. 286. C. B. 255.

Superbe épreuve.

6 *d* — Homme avec chapeau à grands bords (B., 311), cl., 307. C. B. 260.

Très belle épreuve.

SWANEVELT (H. van)

7 — Diverses vues de Rome. Suite de treize estampes (B., 58-65).

Superbes épreuves du 1er état, avec l'adresse du maître.

TENIERS (D.)

8 — Les Joueurs de boule.

Superbe épreuve.

WATERLOO (Ant.)

9 — Trente pièces de l'œuvre du maître.

Anciennes épreuves.

ESTAMPES DU XVIIIe SIÈCLE

ALIBERT (chez)

10 — Le Sommeil interrompu.

Très belle épreuve.

BALLONS (Pièces sur les)

11 — Trois pièces gravées par de Launay, d'après le chevalier de Lorimier.

Très belles épreuves in-8°. Grandes marges.

BAUDOUIN (P. A.), d'après

12 — Les Amants surpris, par Choffard (E. B. 3).

Très belle épreuve. Petite marge.

13 — Les Amants surpris. — Les Amours champêtres (E. B. 3 et 7).

Deux pièces gravées par Choffard. Belles épreuves.

14 — Le Danger du tête-à-tête, par Simonet (E. B. 18).

Superbe et très rare épreuve avant toutes lettres. Toute marge.

15 — La Sentinelle en défaut, par de Launay (E. B. 44).

Très belle épreuve. Petite marge.

16 — Le Soir, par de Ghendt (E. B. 46).

Très belle épreuve.

17 — La Soirée des Thuileries, par Simonet (E. B. 47).
Les Soins tardifs, par de Launay (E. B. 45).
L'Enlèvement nocturne, par Ponce (E. B. 20).

Trois pièces. Belles épreuves.

BERTAUX (Duplessis)

18 — Le Charlatan allemand, par Helman.

Superbe épreuve avant la dédicace. Très grande marge.

BOREL (d'après)

19 — La Comparaison du bouton de rose, par Dennel.

Très belle épreuve avant toutes lettres.

BOREL (d'après)

20 — L'Innocence en danger, par Huot.

Très belle épreuve. Très grande marge.

BOUCHER (F.), d'après

21 — Le Calendrier des vieillards. — Elle mord à la grappe. 2 pièces gravées par de Larmessin et Pasquier.

Très belles épreuves.

22 — Louis XV enfant, retiré des mains des femmes pour recevoir l'éducation des hommes; gravé par L. Cars sous la direction de Cochin.

Très belle et très rare épreuve d'eau-forte.

CARICATURES

23 — Soixante-dix-sept pièces en cinq albums.

CHARDIN (d'après)

24 — Étude du dessin, par Le Bas (E. B. 18).

Superbe épreuve. Très grande marge.

COCHIN (C. N.)

25 — Dix pièces relatives à l'histoire romaine.

Très belles épreuves sur cinq feuilles, à toutes marges.

26 — Un titre et vingt-huit figures in-4, pour le président Henaut. Treize sont avant les numéros.

Belles épreuves sur papier fort.

COYPEL (C.), d'après

27 — M. de Pourceaugnac. — Georges Dandin, par Joullain. — L'Amour enseignant l'art d'aimer, par Lepicié. 3 pièces.

Très belles épreuves. Marge.

DIVERS

28 — Vues de Paris et des environs au xviiie siècle. Cent cinq pièces sur soixante-dix feuilles.

DIVERS

29 — Six pièces d'ornements de Ducerçeau, gravées par Poilly. Six pièces mascarons de Eysler, gravées par Weigl. Douze pièces.

Très belles épreuves anciennes.

30 — Le cardinal Dubois. — Bossuet. — Maurice de Saxe, d'après H. Rigault. — Louis XVI. — De Nestier.
Ensemble cinq portraits in-folio, quelques-uns rognés et piqués.

31 — La Famille du fermier. — La Cachette découverte, d'après Fragonard. — L'Infidélité reconnue, d'après Moitte. — Dame grecque, d'après de la Pierre.
Ensemble quatre pièces.

Belles épreuves.

32 — Familiarité dangereuse. — J'y passerai. — Retour de chasse de Henri IV, d'après Borel. — L'Acte d'humanité. — Le Mariage rompu. — Les disciples de Flore, d'après de Fraine. Aubry Bounieu.
Ensemble six pièces.

Belles épreuves.

33 — Quatre-vingt-onze planches de paysages d'après Pillement, Weiroter, Hackaert, Michaut, Loutherbourg, etc... En un album.

EISEN (C.), d'après

34 — Concert mechanique, par de Longueil. (Panhard 18.)

Très belle épreuve. Grande marge.

FRAGONARD (H.), d'après

35 — La Gageure des trois commères (le lit).

Très belle et rare épreuve à l'état d'eau-forte. Grandes marges.

36 — La Gayeté de Silène, par de Launay.

Superbe et rare épreuve avant la dédicace.

37 — L'Innocence inspire la tendresse, par Voisard.

Très belle épreuve avant la dédicace.

FRAGONARD (H.), d'après

38 — L'Instant désiré. — Le Baiser. Deux pièces gravées par Marchand.

Belles épreuves.

39 — Le Petit prédicateur, par de Launay.

Très belle et rare épreuve avant la dédicace.

40 — Le Petit prédicateur, par de Launay.

Très belle épreuve. Marge.

41 — Le Verre d'eau, par Ponce.

Très belle épreuve. Marge.

42 — Huit pièces à l'eau-forte, d'après les maîtres anciens.

Belles épreuves.

FREUDEBERG (d'après)

43 — Le Bouquet de la fermière, par Feigl.

Très belle épreuve.

44 — L'Événement au bal, par Duclos.

Très belle épreuve avant le numéro.

GREUZE (d'après)

45 — La Lecture de la Bible. — Le Repentir. — Les Sevreuses. — La Paix du ménage. — L'Offrande à l'Amour. — La Vraie mère.

Ensemble six pièces.

Belles épreuves, l'une est piquée de vers.

46 — La Marchande de marrons, par Beauvarlet.

Superbe épreuve. Très grandes marges.

HILAIR (J. B.), d'après

47 — L'esclave heureux, par J. Mathieu.

Très belle épreuve avant toutes lettres.

JEAURAT (E.), d'après

48 — Le Mari jaloux. — Le Goûter, par Balechou. — Déménagement d'un peintre, par Duflos. — La Femme noyée. — Le Savetier et le Financier. — L'Homme entre deux âges. Ensemble six pièces.

Belles épreuves.

49 — La Sçavante. — L'Œconome. — La Coquette par M. Aubert. Trois pièces.

Superbes épreuves. Très grandes marges.

50 — La Vieillesse. — L'Accouchée, par Lepicié, 1745.

Superbes épreuves, toutes marges.

LANCRET (N.), d'après

51 — On ne s'avise jamais de tout. — Le Gascon puni. — Les oyes de frère Philippe. Trois pièces par de Larmessin.

Belles épreuves.

52 — Nicaise. — Le Faucon. — Les deux Amis, par de Larmessin (E. B. 25-32-53).

Très belles épreuves.

53 — La Servante justifiée (E. B. 73). — On ne s'avise jamais de tout (E. B. 55). Deux pièces, par de Larmessin.

Très belles épreuves. Marge.

LANCRET et PATER (d'après)

54 — La Vieillesse. — L'Adolescence. — L'Enfance. — Les oyes de frère Philippe.

Roman comique de Scarron, trois pièces. — La dame de charité, d'après Eisen. Ensemble huit pièces.

Belles épreuves, quelques-unes épidermées.

LAVREINCE (N.), d'après

55 — La consolation de l'absence, par de Launay (E. B. 14).
Très belle épreuve. Petite marge.

56 — Ecole de danse, par Dequevauviller (E. B. 22).
Superbe et très rare épreuve du 1er état. Grandes marges.

57 — Le joli chien (E. B. 4 des pièces attribuées à Lavreince).
Très belle et rare épreuve.

58 — La leçon interrompue, par Vidal (E. B. 35).
Belle épreuve.

MOITTE (d'après)

59 — Le jaloux endormi, par Vidal.
Très belle épreuve avant la lettre.

60 — La surprise agréable, par Vidal.
Très belle et rare épreuve avant la lettre. Marge.

MONNET (d'après)

61 — Jupiter et Io. — Renaud et Armide, par Vidal.
Belles épreuves avant toute lettre, avant la draperie. Une déchirure.

62 — Renaud et Armide, par Vidal.
Très belle et rare épreuve avant toute lettre et avant la draperie.

63 — Vénus et Adonis par Vidal.
Superbe épreuve avant toute lettre et avant la draperie.

MOREAU (J. M.), le jeune

64 — La Cathédrale d'Orléans (Mah. 23).
Très belle épreuve.

65 — Charles Martel, par Villerey (Mah. 260).
Avant la lettre et eau-forte. Deux pièces in-8°. Toutes marges.

66 — Composition allégorique pour l'avénement au trône de Louis XVI, d'après Restout.
Très belle épreuve à l'état d'eau-forte.

67 — Les délices de la Maternité (Mah. 359), reduction in-12.
Très belle épreuve avec A. P. D. R.

MOREAU (J. M.), le jeune

68 — Mariane (Voltaire). (Mah. 269).

Épreuve avant la lettre. In-4°. Toutes marges.

69 — Tullie faisant passer son char sur le corps de son père. Henri IV chez le meunier. Tombeau de J. J. Rousseau. Trois pièces.

Belles épreuves.

70 — Voyage en Sibérie, quatre pièces. — Voyage en Grèce, sept pièces.

Ensemble 11 pièces, dont plusieurs avant la lettre.

71 — Eaux-fortes pour le jeune Anacharsis, deux pièces (Mah. 154 V et VI). Fidélité héroïque à la bataille de Pavie.

Trois pièces à l'état d'eau-forte, une est déchirée.

72 — Musée Robillard, deux pièces. Les trois règnes de la nature, une pièce. Satires de Juvenal, une pièce.

Ensemble quatre pièces avant la lettre.

73 — Vue de la plaine des Sablons. — Le coup de vent. Revue de la Maison du roi au Trou-d'enfer, d'après Le Paon. Trois pièces.

Belles épreuves, ont été pliées.

OZANNE (d'après)

74 — Quarante-quatre vues des ports de France gravées par Le Gouaz.

Très belles épreuves.

PATER (d'après)

75 — Le Glouton, par Fillœul.

Superbe épreuve du 1er état. Grandes marges.

PORTRAITS

76 — Vingt-huit pièces des suites de Larmessin et Moncornet.

Belles épreuves.

QUEVERDO (d'après)

77 — La Jouissance, par Martini.

Très belle épreuve.

78 — Nouvelles du bien-aimé, par Romanet.

Très belle épreuve. Grandes marges.

79 — Le Sommeil interrompu, par Dambrun.

Très belle épreuve avant la décicace. Petite marge.

SCHALL (d'après)

80 — Le Gascon puni, par Lindor de Toulouse.

Belle épreuve.

VLEUGHELS (d'après)

81 — Frère Luce, par de Larmessin.

Belle épreuve.

PIÈCES EN COULEURS

BOREL (d'après)

82 — La Circassienne à l'encan. — Le Bain interrompu, par Leveillé. Deux pièces.

Belles épreuves.

LAVREINCE (N.), d'après

83 — La Comparaison, par Janinet.

Très belle épreuve.

MYRIS (S.)

84 — Ruth chez Noémi. — Ruth dans le champ de Booz. Mars récompense la valeur, d'après Colibert. Trois pièces.

Belles épreuves, à toutes marges.

VAN LOO (d'après)

85 — Le Couché à l'italienne, par I***.

Belle épreuve, en bistre.

ESTAMPES MODERNES

COSTUMES

86 — Cent-dix-huit planches de costumes et modes, de 1812 à 1825.

DIVERS

87 — Eaux-fortes d'après les maîtres modernes, quarante-trois pièces. Lithographies de Célestin Nanteuil, 35 pièces.
Ensemble soixante-dix-huit pièces.

PORTRAITS

88 — Trente-et-un portraits en médaillons de grandes dames anglaises du commencement du siècle.

VIGNETTES ET ILLUSTRATIONS

D'ARNAUD

89 — Treize figures in-8°, plus cinq culs-de-lampe et deux vignettes, tirages à part. Ensemble, vingt pièces.
Grandes marges.

BEAUMARCHAIS

90 — Suite complète et à toutes marges de Saint-Quentin gravées par Malapeau et Roy.
Cinq vignettes en trois états de Duvivier, plus le portrait en deux états.
Cinq figures in-8° de Gravelot pour Eugénie, édition Merlin 1767.
Trois figures in-8° de Tony Johannot.
Ensemble, trente pièces.

BERNARD

91 — Suite complète de quatre figures in-4° de Prudhon, gravées par Beisson, Copia, Prudhon pour l'*Art d'aimer*.

Belles épreuves. Grandes marges.

BOCCACE

92 — Vingt-deux pièces d'après Gravelot, Bornet, Cochin, etc.

Douze sont avant la lettre et dix à l'eau-forte, à toutes marges.

BOILEAU

93 — Suite complète d'un portrait et six figures in-8° à l'eau-forte pour l'édition Bastien.

Ensemble quinze pièces, à toutes marges.

CERVANTÈS

94 — Suite de douze pièces in-8° de Vernet et Lami pour Don Quichotte.

Épreuves avant la lettre, manque une pièce pour que la suite soit complète.

CHATEAUBRIAND

95 — Trente vignettes d'après Alfred et Tony Johannot pour les œuvres.

Épreuves sur chine.

CHODERLOS DE LACLOS

96 — Deux eaux-fortes d'après Monnet pour les *Liaisons dangereuses*.

Épreuves à toutes marges.

COCHIN

97 — Quatorze pièces pour l'*Iliade*, J. J. Rousseau, Télémaque, Métastase, etc...

CORNEILLE

98 — Suite complète d'un portrait d'après Pierre, et trente-quatre figures in-8 de Gravelot.

99 — Suite complète d'un portrait et vingt-quatre figures de Moreau, non signées.

Epreuves avant la lettre, sur chine, montées in-4°. Tirage Furne.

CREBILLON

100 — Suite complète d'un portrait et neuf figures in-8 de Peyron.

Suite complète d'un portrait d'après Latour et neuf figures in-8 de Marillier, plus un portrait par Ficquet, remonté. Ensemble, vingt et une pièces.

DEMOUSTIERS

101 — Huit eaux-fortes d'après Moreau pour les *Lettres à Émilie.*

Épreuves à toutes marges.

102 — Dix-sept figures de Desenne, dont 14 avant la lettre et trois à l'eau-forte.

Dix-sept figures de Moreau avant la lettre.

Ensemble trente-quatre pièces à toutes marges, sauf une.

DIVERS

103 — Dix-sept figures de Desenne, Lebarbier, Prudhon, pour Mademoiselle de Lafayette, Molière, Tressan, Lafontaine, Rousseau, Saint-Lambert et Aristonoüs.

Très belles épreuves avant la lettre, une est à l'eau-forte, toutes marges.

104 — Vignettes d'après Borel, Chodowiecki, Desenne, Desrais, Eisen, Marillier, Moreau, Queverdo etc... pour les œuvres de Berquin, Racine, Rétif, Opéras Comiques.

Ensemble cent cinquante-huit pièces, dont plusieurs avant la lettre.

FENELON

105 — Suite complète d'un portrait gravé par Delvaux et vingt-cinq figures in-8 de Moreau pour *Télémaque.*

Épreuves avant la lettre, tirées in-4° sur papier jonquille.

106 — Suite complète d'un portrait gravé par Huber et vingt-quatre figures in-8 de Marillier pour l'édition Crapelet.

Épreuves avant la lettre, tirées in-4°, sur papier bleu.

107 — Trente-six figures in-4 de Monnet pour *Télémaque* 2e volume.

Superbes et rares épreuves avant la lettre, manque le 1er volume.

FENELON

108 — Suite complète de vingt-quatre figures in-12 de Lefevre pour *Télémaque.*

Épreuves tirées in-8°, à toutes marges.

109 — Suite de vingt-quatre figures in-12 de Queverdo pour *Télémaque.*

Très rares épreuves d'eau-forte, manquent les fig. des livres 23 et 24 pour que la suite soit complète.

FIELDING

110. — Quatre figures in-8 de Borel avant la lettre.

Trois figures in-8 de Moreau à l'état d'eau forte.

Deux figures in-8 de Corbould pour une édition anglaise. Ensemble 9 pièces pour Tom Jones.

GESSNER

111. — Le Faune (idylle). in-4.

Épreuve d'eau-forte, d'après Lebarbier.

112. — Suite de trois portraits et quarante-six figures in-8 de Moreau pour l'édition Renouard.

Épreuves à toutes marges, manque deux pièces pour que la suite soit complète.

GRECOURT

113. — Suite d'un portrait et dix-sept figures libres non-signées pour les œuvres.

GRESSET

114. — Neuf pièces d'après Monnet, Moreau, Marillier et Perin pour Ver-Vert et le théâtre.

Une pièce est à l'eau-forte et une avant la lettre.

LAFONTAINE (Œuvres)

115. — Suite complète d'un portrait d'après Rigault et vingt-cinq figures in-8 de Moreau pour l'édition de 1814.

116. — Huit pièces à l'état d'eau-forte pour l'édition de 1814.

Superbes épreuves à toutes marges.

LAFONTAINE (Œuvres)

117 — Quarante-trois pièces d'après Colin, Deveria, Desenne, Johannot, etc..., seize pour les contes, seize pour les fables, onze pour Psyché et Adonis.

Épreuves en grande partie avant la lettre.

118 — Suite complète d'un portrait et 12 figures in 8 de T. Johannot, pour l'édition Furne, toutes marges.

LAFONTAINE (Contes)

119 — Deux portraits et quatre-vingt-deux figures in-8 pour l'édition des Fermiers généraux.

LAFONTAINE (Fables)

120 — Suite complète de 60 figures in-8 de Desenne avant la lettre.

121 — Onze figures in-8 de Bergeret tirées in-folio.

Épreuves avant la lettre, manque une pièce pour que la suite soit complète.

122 — Quatorze lithographies d'Horace Vernet, petit in-8.

123 — Suite complète de onze figures in-4 pour l'édition Jouaust.

MARMONTEL

124 — Huit figures in-8 de Moreau pour les Incas, cinq sont avant la lettre et trois à l'eau-forte.

Superbes et rares épreuves. Grandes marges.

MOLIÈRE

125 — Sept figures in-4 de Boucher non-signées.

Très rares.

126 — L'École des femmes. — Georges Dandin.
Deux figures in-8 de Moreau pour l'édition de Bret.

Épreuves d'eau-forte, remargées.

127 — Suite complète d'un portrait et 30 figure in-8 de Moreau pour l'édition Renouard.

Superbes épreuves avant la lettre.

MOLIÈRE

128 — Neuf eaux-fortes in-8 de Moreau pour l'édition Renouard, la plupart ont de belles marges.

129 — Suite de vingt figures in-12 de Desenne.

Épreuves avant la lettre, tirées grand in-8°.

MOREAU (J. M.), le jeune

130 — Dix-sept figures in-8 pour le Nouveau Testament, édition Saugrain, 1791. Épreuves avant la lettre, avant la pagination les noms, à la pointe.

Epreuves à toutes marges, trois sont à l'état d'eau-forte.

131 — Vingt-six figures in-8 de Moreau pour les Actes des Apôtres et le Nouveau Testament.

Épreuves à l'état d'eau-forte, la plupart à toutes marges.

132 — Catafalque de la reine de Hongrie. Deux pièces (Mah. 112).
Les Conversations d'Emilie. Deux pièces (Mah. 175).
Le Fils puni d'après Greuze. Une pièce (Mah. 103).
Donation du Dauphiné. Une pièce (Mah. 161).
L'Agréable Société. Une pièce (Mah. 129).
Frontispices allégoriques. Deux pièces (Mah. 232).
Portrait de Frédéric-Guillaume. Une pièce (Mah. 293)., ensemble dix-neuf pièces.

133 — Une eau-forte in-4 pour Heloïse et Abailard.
Une eau-forte in-4 pour Raynal.
Une eau-forte in-8 pour Raynal.
Une eau-forte in-12 pour Legouvé.
Ensemble quatre pièces, grandes marges.

134 — Huit fleurons et douze en-têtes de pages gravés par Choffard et Prevot pour la maison de Bourbon, tirages à part. Ensemble vingt pièces, la plupart à toutes marges, une est à l'eau forte.

MOREAU (J. M.), le jeune

135 — Vingt et une pièces in-8 pour Thucidide, Virgile, Télémaque, Molière, Rousseau, Corneille.

Dix pièces sont avant la lettre et une à l'eau-forte.

136 — Suite complète de huit figures in-4 pour les lettres d'Heloïse et Abailard.

Épreuves avant la lettre, tirées sur papier bleu.

OPÉRAS-COMIQUES DU XVIIIe SIÈCLE

137 — Quatre pièces par Queverdo et Martinet pour les deux avares.

Cinq pièces par Queverdo et Martinet pour le Maréchal.

Cinq pièces par Thérèse Martinet pour Annette et Lubin.

Ensemble quatorze pièces à toutes marges.

OVIDE (Métamorphoses)

138 — Quarante-trois pièces de la galerie Stoeber tirées in-4.

139 — Cent deux figures in-4 pour l'édition Villenave dont vingt-sept de Moreau, vingt-neuf de Lebarbier, vingt-huit de Monsiau, seize de Duvivier, deux de Chasselat.

Épreuves avant la lettre, à toutes marges.

140 — Dix figures in-4 de Moreau, doubles de la suite précédente.

Épreuves avant la lettre et à toutes marges.

PORTRAITS

141 — Personnages célèbres, littérateurs du XVIIIe siècle.

Ensemble cinquante-sept pièces, plusieurs avant la lettre et à l'eau forte.

RACINE

142 — Suite complète d'un portrait d'après Santerre et douze figures in-8 de Moreau à toutes marges. 2e suite.

143 — Suite complète d'un portrait de Saint-Aubin et douze figures in-8 de Moreau.

Épreuves sur chine, montées in-4°.

ROUSSEAU (J. J.)

144 — Huit pièces in-4 de Moreau.

Superbes épreuves avant les numéros, tirées sur papier fort, la plupart à toutes marges.

145 — Suite complète d'un portrait d'après Latour gravé par Saint-Aubin et trente-sept figures in-4 de Moreau et Lebarbier pour les œuvres.

La plupart à toutes marges. Une partie de cette suite n'a jamais été faite avant la lettre.

146 — Suite complète de deux portraits et quarante figures in-8 de Deveria.

Épreuves sur chine, à toutes marges.

147 — Vingt et une figures in-8 de Moreau et Chasselat pour Heloïse et les Confessions.

Ensemble trente-cinq pièces pour l'édition Didot 1801.

SHAKESPEARE (W.)

148 — Suite complète de douze figures in-8 dessinées et gravées par Chodowiecki.

Rare, non cité par Sieurin.

SWIFT

149 — Dix figures in-12 de Lefevre gravées par Masquelier, pour Gulliver.

Six sont avant la lettre et quatre avec la lettre, toutes marges.

TESSIN (le comte DE)

150 — Suite complète de dix figures in-4 de Boucher pour Faunillane.

Épreuves à toutes marges.

VOLTAIRE

151 — Cinq figures in-8 de Moreau le jeune dont trois pour la Pucelle, deux pour le théâtre, édition de Kehl.

Épreuves avant la lettre. Grandes marges.

152 — Suite de cent figures in-8 de Chasselat et Deveria pour les œuvres.

Épreuves à toutes marges.

LIVRES

153 — *Berquin*. Idylles. *Paris*, *Ruault*, 1775. 2 vol. in-12. Veau écaille, filets, tranches dorées.

Exemplaire en grand papier de Hollande, fig. de Marillier.

154 — *Boccace*. Il Decamerone di M. Giovanni Boccacio. *Londra*, 1757, 5 vol. in-8 maroq. bleu doublé de tabis, dos et plats ornés, filets dentelle intérieure, tranches dorées.

Superbe exemplaire du 1er tirage, avec les marques.

155 — *Cervantès*. Histoire de l'admirable Don-Quichotte avec les figures de Coypel gravées par Folkema et Fokke. 6. vol.
Nouvelles, 2 vol. figures de Folkema.
Ensemble 8 vol. in-12, demi-veau marron avec coins.

156 — *Fénelon*. Aventures de Télémaque, suivies des aventures d'Aristonoüs, papier vergé, figures de Foulquier. *Tours*, *Alfred Mame*, 1873, 1 vol. in-4 demi-maroq. rouge avec coins, dos orné, tête dorée ébarlée,

157 — *Horace*. Quintii Horatii Flacci opera. *Londini*, æneis tabulis incidit Johannes Pine, 1733-37, texte gravé. 2 vol. in-8, maroq. grenat, dos et plats ornés, filets, dentelle intérieure, tranches dorées.

Exemplaire du 1er tirage.

158 — *Lafontaine*. Contes et nouvelles avec préface. Notes et glossaires par Pierre Jannet. *Paris, chez E. Picard*, 1867, 2 vol. in-12. maroq. citron, dos orné, filets, tranches dorées, Pouget.

Exemplaire contenant les fig. de Desenne, Sergent, Leroy, avant la lettre, quelques-unes en deux états. Ensemble 107 fig.

159 — *Malherbe* (Œuvres choisies), avec des notes de tous les commentateurs, édition publiée par Parelle. *Paris*, *Lefevre*, 1825. 2 vol. in-8, cartonné, non rognés.

160 — *Marot*. Œuvres de Clément Marot, *Lyon*, *Scheuring*, 1869, 2 vol. in-8, maroq. rouge, dos orné filets, dentelle intérieure, tranches dorées (Cuzin).

Exemplaire en papier de Hollande.

161. — *Montesquieu*. Le Temple de Gnide, nouvelle édition, avec figures gravées par N. Lemire d'après les dessins de Ch. Eisen, le texte gravé par Drouet. *Paris, chez Lemire*, 1772. 1 vol. in-4, maroq. rouge, dos et plats ornés, dentelle intérieure, tranches dorées (Belz-Niedrée).

Très bel exemplaire.

162. — *Le Nouveau testament* en latin et en français, traduit par Sacy, 4 vol. Les Actes des Apôtres, 1 vol. de *l'imprimerie de Didot, à Paris, chez Saugrain*, 1793-1798.
Ensemble 5 vol. in-8 cartonné non-rogné.

Exemplaire avec toutes les figures de Moreau et la dédicace à l'Assemblée nationale.

163 — *Voltaire*. Lettres choisies, précédées d'une notice par Louis Moland, ornées d'une galerie de portraits historiques d'après Philippoteaux et Staal, *Paris, Garnier frères*, 1872. 1 vol. in-4, demi maroq. rouge, avec coins, dos orné, tête dorée, ébarbé.

SUPPLÉMENT

ARDELL

164 — *Punt* (J.), peintre et graveur, d'après Myn, in-fol.

Belle épreuve.

AVRIL (J. J.)

165 — Le Jeune éveillé, d'après Mercier.

Très belle épreuve. Marge.

BASSET (A Paris, chez)

166 — Fête du 14 juillet an IX, vue des 3 théâtres construits aux Champs Elysées dans le Carré Marigny..... In-fol. en couleur.

Très belle épreuve. Rare.

BAUDOUIN (P. A.), d'après

167 — Les Soins tardifs, par N. de Launay.

Très belle épreuve.

BOILLET (J.)

168 — *Necker* (Mr), ministre d'Etat, directeur général des finances. — *Hopital* (Michel de), chancelier de France. Deux portraits in-fol. en couleur.

Belles épreuves.

BONNART

169 — Les Mois de l'année. Douze pièces.

Belles épreuves.

BONNET (L.)

170 — Le Bain, d'après Jollain, en couleur.

Très belle épreuve.

DESPLACES (L.)

171 — *Titon* (Marguerite Bécaille, veuve de Maximilien). d'après Largillière. In-fol.

Très belle épreuve. Marge.

DUPLESSIS-BERTAUX

172 — Les Cris et les Métiers de Paris. Gueux et Mendiants Vingt-neuf pièces gravées à l'eau-forte.

ÉCOLE FRANÇAISE DU XVIIIe SIÈCLE

173 — Portraits, ornements et compositions allégoriques Onze pièces.

Belles épreuves.

FLIPART (F.)

174 — La Colombe chérie, d'après Carême.

Belle épreuve.

FRAGONARD (H.), d'après

175 — Les Beignets, par de Launay.

Très belle épreuve.

176 — Le Contrat, par Blot.

Belle épreuve. Grandes marges.

FREUDEBERG (S.), d'après

177 — La Gaieté conjugale. — La Félicité villageoise. Deux pièces faisant pendants, gravées par N. de Launay.

Très belles épreuves, toutes marges.

FORTY (J. F.)

178 — Cahier de six flambeaux à l'usage des orfèvres et des fondeurs, gravés par N. Foin.

Très belles épreuves, avec marges, manque le n° 6.

GAILLARD (R.)

179 — Jeune femme à sa toilette, d'après Terburg.

Très belle épreuve avant la lettre. Grandes marges.

GODEFROY (F.)

180 — *Maury* (J. S.), d'après Bernard. In-fol.

Belle épreuve.

GREUZE (J. B.), d'après

181 — Le Repentir, par Moitte.

Très belle épreuve, toutes marges.

GUYOT

182 — Ruines de monuments italiens. Deux pièces gravées en couleur, d'après H. Robert.

Superbes épreuves avant la lettre, toutes marges.

HELMAN

183 — Le Charlatan français, d'après Bertaux.

Belle épreuve, avec marge.

HUET (J. B.), d'après

184 — Ce qui est bon à prendre est bon à garder, par A. Chaponnier.

Superbes épreuves avant la lettre, toutes marges.

JANINET (F.)

185 — Bacchus préside à la fête, d'après Carême, en couleur.

Très belle épreuve.

JEAURAT (d'après)

186 — La Servante congédiée, par Balechou.

Très belle épreuve. Marge.

JUBIER

187 — Pygmalion amoureux de sa statue, d'après J. B. Huet, en couleur.

Belle épreuve.

LAVREINCE (N.), d'après

188 — Le Retour trop précipité, par J. A. Pierron.

Belle épreuve.

189 — Le Coucher des ouvrières en modes. — Le Lever des ouvrières en modes. Deux pièces faisant pendants, gravées par Dequevauviller.

Très belles épreuves.

LE BARBIER (d'après)

190 — La Matinée turque ou le Sultan Saladin, par Caquet.

Très belle épreuve, toutes marges.

LE BEAU

191 — La Partie d'œufs frais. — La Réalité du plaisir. Deux pièces faisant pendants.

Très belle épreuve. Marges.

LE PEINTRE (d'après)

192 — La Tricherie reconnue, par de Monchy.

Très belles épreuves Marges.

193 — La Balenceuse.

Belle épreuve.

MOREAU (J.-M.), d'après

194 — Couronnement de Voltaire, par Gaucher.

Très belle épreuve, avec les armes.

MAROT (J.)

195 — Les Églises de Paris. Suite de dix pièces numérotées.

Très belles épreuves, avec marges.

PETHER (W.)

196 — La Continence du chevalier Bayard, d'après Penny.

Très belle épreuve.

QUEVERDO (d'après)

197 — L'Approche. — Le Touché. Deux pièces gravées par Martinet.

Belles épreuves.

SAINT-AUBIN (A. de)

198 — Le Réfractaire amoureux.

Belle épreuve.

THEVENIN (C.)

199 — Prise de la Bastille, le 14 juillet 1789. Gravé à l'eau-forte.

Belle épreuve.

VILLENEUVE (A Paris, chez)

200 — Marat vainqueur de l'Aristocratie : Diogène couvert d'un bonnet rouge, quitte son tonneau pour donner la main à Marat qui sort d'une cave par le soupirail. Pièce rare.

Très belle épreuve. Marge.

WILLE (J. G.)

201 — La Petite Écolière, d'après Scheneau.

Belle épreuve.

Paris. — Typ. Pillet et Dumoulin, 5, rue des Grands-Augustins.

www.ingramcontent.com/pod-product-compliance
Ingram Content Group UK Ltd.
Pitfield, Milton Keynes, MK11 3LW, UK
UKHW021200230726
13926UKWH00001B/205